A. MIRABAUD

A l'ami Dembrevil.
Hommage reconnaissant.
A. M.

SON P'TIT GAS

Comédie dramatique en un Acte

Représentée pour la première fois à Paris, au Concert du Commerce (direction Dembrevil), le 12 septembre 1912

(Mise en scène de **M. L. Dembrevil**)

Personnages : 5 Hommes, 3 Femmes

(Société dramatique)

LIBRAIRIE THÉATRALE GEORGES ONDET
83, Faubourg Saint-Denis, 83
PARIS

1913

A. MIRABAUD

SON P'TIT GAS

Comédie dramatique en un Acte

DISTRIBUTION

MALOUET, vieux paysan, père d'Abel	MM.	DEMBREVIL
ABEL, ordonnance du lieutenant de Varville		DEBERGER
Le capitaine DUFLOT		SAINT-OMER
Le lieutenant de VARVILLE		CROIZET
JACQUES, ordonnance du capitaine Duflot		JEANNIS
YVETTE, maîtresse du lieutenant de Varville	Mmes	GAUTHIER
MARIE-JEANNE, fiancée d'Abel		DERINY
Mme BRIDOUX, mère de Marie-Jeanne		DESPRÉS

L'action se passe à Paris, de nos jours, chez le capitaine Duflot.

Une salle à manger modestement meublée.
Au fond : porte d'entrée; à droite de cette porte, un buffet-étagère.
A gauche : premier plan, cheminée garnie; deuxième plan, fenêtre.
A droite : premier plan, porte de la cuisine; deuxième plan, porte de la chambre du capitaine.
En scène : au milieu, une table avec trois chaises; sur le devant, à gauche, un canapé; sur le devant, à droite, un fauteuil.
Sur la table : un service à café, une carafe d'eau.

SCÈNE PREMIÈRE

JACQUES; DUFLOT, *couché en coulisse*

(Au lever du rideau, Jacques, debout près de la table, donne un dernier coup de brosse aux effets de ville du capitaine, posés sur une chaise, près de lui. — Le capitaine est couché en coulisse, à droite, deuxième plan).

JACQUES, *avisant*

Encore une tache de vin! Ça m'étonne... le capiston qui, d'habitude, est si soigneux de sa personne... (*Il s'arrête de brosser et vide le contenu d'une tasse servie*). Où est-il donc allé, hier au soir? Ah! oui, je me souviens... il est sorti avec de Varville et sa maîtresse... un camarade à eux qui, pour fêter sa nomination au grade de capitaine, leur a offert un boulôt monstre dans un restaurant de Montmartre. A présent, je m'explique pourquoi tout à l'heure, en rentrant, ils braillaient tous les trois si fort, au bas de l'escalier.

DUFLOT, *à droite, deuxième plan*

Jacques!

Georges ONDET, éditeur, 83, faubourg Saint-Denis, Paris

(*Répertoire de la Société des Auteurs et Compositeurs dramatiques, 12, rue Henner, Paris.*)

JACQUES, *de la table*

Mon capitaine...

DUFLOT

Quelle heure est-il ?

JACQUES

Cinq heures, mon capitaine.

DUFLOT

Est-ce qu'il fait jour ?

JACQUES, *à part*

Il n'a pas encore ouvert les yeux... mauvais signe. (*Haut*). Oui, mon capitaine.

DUFLOT

Le café ?

JACQUES, *buvant*

Le café... il passe, mon capitaine, je vous le sers aussitôt prêt. (*Examinant le contenu de la cafetière, à part*). Je n'aurai jamais assez de quoi lui remplir une tasse... il est vrai que voilà la cinquième que je m'envoie. (*Versant dans la cafetière le quart du contenu de la carafe*). Vite, parons au plus pressé. Mais que fait donc Abel, qu'il n'a pas encore paru ? Le lieutenant est peut-être rentré malade. (*On heurte à la porte du fond. Remontant*). Tiens, qui peut venir à pareille heure ? (*Dans le couloir*). Qui va là ?... Ah ! c'est toi, Tony... (*Lisant le papier que celui-ci tenait à la main*). Comment ?... ordre de mobilisation ? Fichtre !... Tu as prévenu le lieutenant de Varville ?...

TONY

Oui !...

DUFLOT

Eh bien, ce café, l'apportes-tu, oui ou non ?

JACQUES, *revenant*

Il vient, mon capitaine... il vient lentement, mais il vient. (*Il a pris les effets du capitaine, ainsi que le service à café, et sort rapidement par la droite, deuxième plan. A part, en sortant*). Il va en faire une bouillotte, le capiston, lui qui comptait déjà siroter son café au lit.

SCÈNE II

DE VARVILLE, YVETTE, ABEL, *puis* JACQUES

(*De Varville et Yvette entrent du fond. Celle-ci est en peignoir ; de Varville, qui a chaussé des pantoufles, est en tenue de campagne. Abel entre derrière eux, en astiquant une paire de chaussures*).

DE VARVILLE, *pâle, mal éveillé, va s'asseoir sur le canapé ; entre deux quintes*

La pituite qui me reprend. (*A Abel*). Chausse-moi.

(2) ABEL, *s'approchant*

Voilà, mon lieutenant.

(*Jacques rentre de droite, deuxième plan, avec le service à café ; il descend au milieu, au-dessus de la table*).

(1) DE VARVILLE, *à Abel*

Passe-les moi. (*A genoux près de lui, Abel se met en devoir de le chausser. — S'endormant*). Avec ça, je tombe de sommeil.

(4) YVETTE, *assise sur le fauteuil*

Jacques, est-ce qu'il vous reste du café ?

(3) JACQUES, *la servant*

Mais oui, Madame.

YVETTE, *à de Varville*

Qu'est-ce que tu prends, toi... du café aussi ?

DE VARVILLE, *qui dort à moitié*

Non, non, pas de café pour moi... du marc. Duflot en a une bouteille... Un petit verre va me remettre tout de suite d'aplomb.

(*Jacques remonte au buffet et prépare un petit verre de marc*).

YVETTE

Pauvre chou qui ne peut même pas ouvrir les yeux.

DE VARVILLE, *dans une demi torpeur*

Le manque de sommeil, puis le bitter... le

vermouth... le curaçao... puis cette maudite tranche de gigot qui est encore là. (*Bougonnant, à Abel*). Mais ne me remue pas comme ça... tu es là qui me secoue comme un prunier! Je n'ai pas l'estomac déjà si solide. Vas-y plus doucement...c'est pour la tranche!

JACQUES, *apportant le verre sur la table*

Voilà, mon lieutenant.

DE VARVILLE, *qui s'était rassoupi, ouvrant un œil*

Qu'est-ce que c'est?

JACQUES

Le petit verre demandé.

DE VARVILLE, *tendant la main, le regard vague*

Où est-il?

YVETTE, *à Abel*

Passez-le moi, je vais le faire boire, c'est plus prudent. (*Elle se lève, prend le verre et va à de Varville; à celui-ci*).Ouvre la bouche.

(*Jacques remonte au buffet*).

DE VARVILLE, *dolemment*

Tout ce que tu voudras, ma chérie.

(*Avec une tendresse qu'on jugerait sincère, elle le fait boire à petites gorgées, cependant qu'Abel, toujours sur les genoux, se consume en laborieux efforts pour lui passer ses chaussures*).

———

SCÈNE III

———

LES MÊMES, DUFLOT

DUFLOT, *entrant de droite, deuxième plan, en tenue de campagne, descend même côté, devant le fauteuil*

Nous sommes prêts? (*A de Varville*). Qu'as-tu donc?

(1) YVETTE

Il est malade.

(2) DE VARVILLE

C'est la tranche de gigot...

(4) DUFLOT

Elle ne descend pas?

DE VARVILLE

Non, elle remonte.

DUFLOT

C'est égal, avoue que tu n'es guère solide; car, en somme, j'ai bu autant que toi.

DE VARVILLE

Mais toi, tu es de fer.

DUFLOT

Et j'ai pourtant quinze ans de colonies que tu n'as pas.

YVETTE, *cajolant de Varville*

Mais lui, le cher mignon, il est si frêle, si délicat...

DUFLOT, *avec ironie*

Comme vous l'aimez, cet homme.

YVETTE

En doutez-vous?

DUFLOT

Presque.

YVETTE

A cause?

DUFLOT, *froidement*

Je ne crois pas à l'amour qui se vend.

YVETTE, *sans trop se formaliser, habituée qu'elle est à ces boutades*

Vous avez tort, car, en toutes choses, il y a des exceptions.

DE VARVILLE, *une fois chaussé, se mettant debout, très convaincu*

Et Yvette en est une.

DUFLOT, *avec un sourire dissimulé*

Du moment que c'est toi qui l'affirme.

(*Jacques sort à droite, premier plan, suivi d'Abel, qui emporte le service à café*).

(2) DE VARVILLE

Me tromper, elle... mais avec qui?... elle ne voit, ne fréquente personne... Ce n'est pas avec toi!

(3) DUFLOT, *avec le franc parler de l'homme qui n'a rien à se reprocher*

Certes non, car Mademoiselle n'est pas plus mon type que je ne suis assurément le sien.

(1) YVETTE

Ah! puis, je serais une fieffée coquine si je trompais un si brave garçon, qui m'a presque tirée de la misère il y a deux ans.

DUFLOT, *s'énervant, à de Varville*

Ah! viens-tu?

DE VARVILLE

Mais je t'attends.

DUFLOT

Eh bien, allons-y.

DE VARVILLE

C'est égal, ça va mieux maintenant.

DUFLOT

Oui. la tranche...

DE VARVILLE

Elle redescend.

YVETTE. *à de Varville, dans une étreinte*

Au revoir. mon petit rat, tu es bien couvert, au moins? Ne prends pas froid, surtout.

DUFLOT, *impatienté, à de Varville*

Je descends. tu me retrouveras en bas. (*Il sort au fond*).

SCÈNE IV

YVETTE, DE VARVILLE

(1) YVETTE. *désolée*

Oh! quel ennui que tu ne restes pas... moi qui, ce matin, attendais impatiemment ton réveil, me promettant déjà tout un monde de félicités... Tiens. j'ai presque envie de pleurer.

(2) DE VARVILLE, *très ému*

Voyons. bichette...

YVETTE, *entre deux baisers*

Dis, tu le crois bien, toi... que si je t'aime, ce n'est pas pour ton argent?

DE VARVILLE

Mais oui, ma cocotte. Duflot a dit cela en manière de plaisanterie, pour nous faire enrager tous les deux; c'est un farceur, mais un bon diable. Il nous faut le prendre tel qu'il est, avec ses qualités et ses défauts.

YVETTE, *avec intention*

Il dit comme ça que je ne suis pas son type; mais, pour moi, je suis bien certaine du contraire.

DE VARVILLE, *déjà inquiet*

Oui, il te fait la cour?

YVETTE

Non, je ne dis pas ça; mais quand tu n'es pas là, il est bien plus aimable.

DE VARVILLE

Tiens... tiens!

DUFLOT, *au bas de l'escalier*

Eh bien, descends-tu, oui ou non?

DE VARVILLE, *se décidant*

Voilà, voilà! (*Embrassant Yvette*). A tantôt, ma gosse.

YVETTE, *avec amour*

A bientôt. ma poupée. (*Ils échangent un dernier baiser, puis de Varville sort rapidement par le fond. — Yvette est remontée avec lui, l'accompagnant sur le palier. — Abel rentre de droite, premier plan, et vient derrière elle, à pas feutrés. La tête penchée en dehors de la rampe, la jeune femme ne l'a pas entendu venir. Près d'elle, il lui ceinture brusquement la taille et, avec un geste de familiarité que l'on sent habituelle,* *il lui plaque un long baiser dans le cou. Elle, sans s'émouvoir, au contraire, très amusée, répondant même à son étreinte, un bras jeté sur l'épaule du jeune homme, envoie par-dessus la rampe à de Varville)...*Et reviens vite, ne t'attarde pas, prends plutôt une voiture. (*Du bout des doigts, lui envoyant un baiser*). Tiens, pour toi... pour toi seul! ma crotte, mon poulet, mon tout!

SCÈNE V

YVETTE, ABEL, *puis* JACQUES

(2) YVETTE, *redescendant avec Abel vers la gauche*

Enfin, seuls!

(1) ABEL, *riant*

L'heureuse inspiration qu'a eue le général de lancer ce matin un ordre de mobilisation.

YVETTE

Quand même, tenons-nous sur nos gardes, dans le cas où il y aurait contre-ordre.

(3) JACQUES, *rentrant de droite, premier plan, et servant sur la table trois verres et une bouteille de marque*

Et vous ferez bien, car j'ai comme une vague idée que le capiston se doute de quelque chose.

ABEL.

Pourtant, on s'observe assez tous les deux, quand il est là.

YVETTE

Il est vrai que Duflot est un peu plus perspicace que ne l'est de Varville.

ABEL

De quoi se douterait-il? qu'Yvette fait son ami cocu? Tant qu'il n'en est pas sûr, il n'y a pas péril en la demeure.

JACQUES

Soyez sûrs que s'il en avait l'intime conviction, il en aurait tout de suite avisé de Var-ville. Vous savez comme moi que c'est un gaillard qui n'a pas froid aux yeux.

(*Abel 1, Yvette 2 et Jacques 3, se sont assis à la table et boivent, tout en fumant des cigarettes*).

YVETTE

Il lui a déjà, du reste, tout à l'heure, fait des insinuations.

ABEL

Et qu'a répondu de Varville?

YVETTE

Il m'a défendue, comme bien tu penses.

ABEL

Et toi?

YVETTE

J'y suis allée de ma larme... tu sais que ça ne me coûte pas beaucoup; et puis, de crainte qu'il se forge un tas d'idées, l'autre une fois sorti, j'ai confié à de Varville que son ami me faisait la cour.

ABEL

C'est vrai?

YVETTE

Duflot! il n'a jamais voulu de moi.

ABEL

Tu t'es donc offerte à lui?

YVETTE

Oui, je l'avoue. Rassure-toi, c'était avant de te connaître. Longtemps, j'ai eu un béguin pour Duflot. A cette époque-là, j'aurais tout plaqué pour lui : de Varville, ma situation, ma famille...oui, tout, j'aurais tout abandonné pour lui! Eh bien, malgré toutes mes avances, il a toujours refusé de me prendre, non pas qu'il ne me désirait point, mais parce qu'il lui répugnait sans doute de tromper un ami.

ABEL, *avec brusquerie*

Assez, Yvette! ne me parle plus de cet homme.

YVETTE, *s'exaltant*

Ce qui m'aguichait surtout en lui, c'était ce regard à la fois sombre et dur, avec lequel il vous scrute jusqu'au plus profond de l'âme. Même quand il me regardait avec ses yeux empreints d'indifférence, je me sentais délicieusement tressaillir et devenir aussitôt sa proie, sa chose, sa créature.

ABEL, *lui broyant une main dans les siennes*

Tais-toi, te dis-je !

YVETTE, *avec un cri de douleur*

Tu me fais mal.

ABEL, *violemment*

Je vois bien que tu as encore le béguin pour lui.

YVETTE

Non, je te jure. A mes avances, il a répondu par le dédain ; c'est là une offense qu'une femme ne pardonne pas.

ABEL.

Mais, enfin, qu'est-ce que tu lui trouves donc de si extraordinaire, à ce Duflot ?

YVETTE

C'est un mâle ! Vous êtes forts et vigoureux, l'un et l'autre ; et pourtant, à côté de lui, vous n'existez même pas.

ABEL

Oui, il a pour lui une carrure d'athlète et sa force brutale, mais à part ça...

JACQUES

C'est un bon zigue, un peu brusque, sans façons, mais très cordial tout de même ; aussi, est-il adoré de ses hommes. De Varville, lui, ne peut pas en dire autant ; et encore celui-là est-il devenu plus humain depuis que Duflot, dont il subit l'ascendant, l'a dépouillé peu à peu de tous ses préjugés de caste.

ABEL

En tout cas, il ne respecte guère son uniforme.

JACQUES

Pourquoi ça ?

ABEL

Tu l'as bien vu comme moi, assis avant-hier à la terrasse d'un café du boulevard, à côté d'un vieux bonhomme — l'air d'un paysan — qui était vêtu d'une façon plutôt sordide, et avec lequel il s'entretenait confidentiellement.

JACQUES

C'était un ami de son père.

ABEL

Quand bien même ce fut son père.

JACQUES

Parce qu'il portait une blouse et qu'il avait les mains calleuses... les tiennes l'étaient bien, autrefois.

ABEL, *vexé*

Ne parlons pas du passé.

YVETTE

Abel a raison, trêve de réflexions. (*A Abel*). A propos, toi, j'ai de l'argent à te remettre.

ABEL.

Je pense bien, depuis deux jours que j'attends après.

YVETTE

Mon petit, je n'en ai touché qu'hier soir ; de Varville en attendait de sa famille et il y a eu un retard à la poste. (*On frappe discrètement à la porte du fond*). Enfin, tu ne perds rien pour attendre, puisque j'ai réussi ce matin à subtiliser pour toi trois louis de plus au lieutenant. (*Lui remettant de l'argent*). Trois et cinq... (*Autres coups frappés timidement à la porte du fond*).

ABEL, *comptant la somme*

Cent soixante... merci.

(*A cet instant, la porte du fond s'ouvre : Malouet paraît sur le seuil, et, derrière lui, Mme Bridoux et Marie-Jeanne. Au bruit, Abel, Yvette et Jacques ont tourné la tête*).

SCÈNE VI

LES MÊMES, MALOUET, Mme BRIDOUX, MARIE-JEANNE

YVETTE

Qu'est-ce que c'est que ça ?

JACQUES, *surpris, à part*

M. Malouet.

ABEL, *tout de suite avec une appréhension et le visage rembruni, à part*

Mon père !

(*Un temps*).

MALOUET, *à Abel*

Eh ben, Abel, tu ne nous dis pas d'entrer ?

ABEL, *à part*

Il n'est pas seul... Marie-Jeanne et sa mère l'accompagnent... (*Un temps. Haut*). Entrez !

(*Malouet et les deux femmes entrent lentement et descendent aussitôt à gauche*).

YVETTE, *bas, à Abel*

Qu'est-ce que c'est que ce vieux-là ?... c'est ton père ?

ABEL, *bas*

Tu ne voudrais pas... Non, c'est un ami de la famille. (*Se ressaisissant à mesure, d'un ton bourru, à son père*). En voilà une façon de se présenter ! Tu ne pouvais donc pas frapper ?

(*Marie-Jeanne* 1, *M*^me *Bridoux* 2, *Malouet* 3, *Abel* 4, *Yvette* 5, *Jacques* 6, *ces trois derniers à la table*).

MALOUET

On a ben frappé... V'là un quart d'heure qu'on carillonne à toutes les portes. Comme personne ne nous répondait, on allait tous les trois pour redescendre, quand, en passant devant celle-ci, j'avions reconnu ta voix... On n'osait pas d'abord entrer, car on se disait que tu n'étais peut-être pas seul.

ABEL, *se levant*

Mais je ne suis pas seul, en effet.

MALOUET, *avec un malaise visible, roulant son couvre-chef*

Je vois ben... Tiens, Jean-Jacques !

JACQUES, *gêné*

Bonjour, M. Malouet.

ABEL, *vexé, bas, à Jacques*

Imbécile, va !

MALOUET, *à Yvette, très déférent*

Pardon, Madame, du dérangement, mais il y a si longtemps qu'on n'avait vu le p'tiot...

YVETTE, *avec une pointe de moquerie*

Du tout, Monsieur, faites donc comme chez vous. (*Bas, à Jacques*). C'est donc son père ?

MALOUET, *bas, à son fils*

C'est la femme d'un de tes chefs ?

ABEL, *après une courte hésitation, bas*

Non !

MALOUET, *bas*

C'est juste. La femme d'un officier ne se permettrait pas de boire et de fumer avec vous.

JACQUES, *à mi-voix, à Yvette*

Moi, je file, car je prévois l'orage. (*Il se lève, dessert vivement et sort à droite, premier plan*).

YVETTE, *à Jacques*

Je vous suis.

MALOUET, *un peu déconcerté, ainsi que les deux femmes, devant le mutisme et l'accueil plutôt glacial d'Abel*

Eh ben, mon p'tit gas, c'est tout ce que tu nous dis ?

YVETTE

Je suis peut-être de trop.

MALOUET

Du tout. Madame, le p'tiot ne s'attendait pas à notre visite, voilà pourquoi il est un peu surpris.

YVETTE, *se levant*

Quand même, je vous laisse, ma présence pouvant peut-être gêner les effusions de Monsieur. (*Elle sort à droite, premier plan, avec, sur la porte, un long regard méprisant à l'adresse de Malouet et des deux femmes. — Abel, très contrarié, qui l'a suivie jusque là, referme la porte derrière elle et revient lentement vers la table*).

SCÈNE VII

———

Mme BRIDOUX, MARIE-JEANNE, MALOUET, ABEL

MALOUET, *allant à son fils, les bras tendus*

Eh ben, p'tiot, tu ne m'embrasses pas?

ABEL, *sans effusion*

Si. (*Il l'embrasse et passe* 3).

(2) Mme BRIDOUX, *la main tendue*

Bonjour, Abel.

(3) ABEL, *du bout des lèvres*

Bonjour.

(*Marie-Jeanne, les yeux meurtris de larmes, s'est approchée à son tour. Avec une hésitation puérile, Abel va pour lui serrer la main*).

(4) MALOUET, *à Abel*

Qu'attends-tu donc pour l'embrasser?

(1) MARIE-JEANNE, *avec une émotion contenue, à mi-voix, au jeune homme*

Tu ne m'aimes donc plus?

ABEL, *effleurant à peine les lèvres de Marie-Jeanne, sans conviction*

Mais si. (*Il se dégage aussitôt et, remontant au fond, passe à droite, devant le fauteuil*).

MARIE-JEANNE, *très triste et le suivant des yeux, à part*

Abel n'est plus le même, pourquoi? Qui me l'a donc changé ainsi?

(*Un temps*).

MALOUET

Eh ben, p'tiot, tu ne nous dis pas de nous asseoir?

ABEL, *s'asseyant sur le fauteuil*

Si, asseyez-vous.

MALOUET

C'est moins pour moi que pour la mère Bridoux, qui a une paralysie dans le côté droit. (*A celle-ci*). Il a dit de nous asseoir.

ABEL, *avec humeur*

Enfin, me direz-vous ce que vous êtes venus faire ici?

(*Mme Bridoux s'est assise sur le canapé* 1, *Malouet sur la chaise à gauche de la table* 2, *Marie-Jeanne, qui est remontée lentement derrière le canapé, est venue s'asseoir* 3 *à côté d'Abel, à droite de la table*).

(2) MALOUET

Tu le demandes?... mais voir ce que tu fais, ce que tu deviens, depuis deux mois que tu n'as pas donné de tes nouvelles au pays.

(4) ABEL, *d'un geste las*

Je vous ai déjà dit que je n'avais pas toujours le temps d'écrire... les nécessités du service. Quand même, on ne tombe pas ainsi chez les gens sans crier gare.

MALOUET

Je sais ben, mon p'tiot, mais on a décidé ça hier soir, une heure avant notre départ... la poste était d'ailleurs fermée. Avant-hier, Marie-Jeanne t'avait écrit pour te dire notre mortelle inquiétude à tous les trois. Sans réponse le lendemain, on s'est dit que tu étais peut-être malade et que tu nous le cachais...

ABEL

C'est égal, tu aurais bien pu descendre à la ville autrement qu'avec tes effets de travail.

MALOUET, *un peu interloqué*

Mais... je n'en avions pas d'autres.

ABEL

Pour moi, ça n'a pas d'importance... c'est pour le capitaine, qui ne serait pas flatté s'il apprenait que, pendant son absence, j'ai reçu des gens de la campagne qui ne s'étaient peut-être pas essuyé les pieds avant d'entrer ici.

MALOUET, *se levant et remontant un peu*

Eh ben, on va ressortir tous les trois... le paillasson est à la porte.

ABEL

Inutile, à présent.

MALOUET, *debout, à la table*

Mais, au fait, chez qui sommes-nous donc, ici ?

ABEL.

Chez le capitaine Duflot, l'ami du lieutenant de Varville, dont je suis l'ordonnance.

MALOUET, *désagréablement surpris*

T'es ordonnance ?... Tu ne nous l'avais pas dit.

ABEL

Je n'ai pas besoin de vous tenir au courant de tout ce que je fais.

MALOUET, *retournant s'asseoir à gauche de la table*

A ton aise... Si c'était pour gagner quelques sous de plus, t'avais qu'à nous le dire, on t'aurait envoyé ce qu'il faut, quoique la mère Bridoux et moi on fait déjà assez pour toi. (*Avec un mécontentement visible*). Tout de même, j'aurions pas cru que t'avais ça dans le sang de...

ABEL, *gêné*

De ?

MALOUET

De servir de larbin aux autres.

(*Sans mot dire, Marie-Jeanne, qui s'est rapprochée d'Abel, lui a pris une main qu'elle presse tendrement dans les siennes*).

ABEL

Mais, aussi, j'ai des compensations.

MALOUET

Des compensations !... on ne t'en donne pas, c'est toi qui les prends ; pas besoin d'être de la ville pour comprendre ça. Eh ben, mon p'tiot, je ne te fais pas mon compliment. Tu vois ton vieux bonhomme de père... eh ben, malgré son grand âge et le métier plutôt dur, il aime encore mieux servir la terre que servir un maître. D'ailleurs, à mon humble avis, ces servitudes dans l'armée ne devraient même pas exister sous un régime républicain... Si chacun doit au pays l'impôt du sang, chacun le doit au titre de soldat et non comme larbin d'un autre !

MARIE-JEANNE, *à Abel qui, en proie à une sourde irritation, lui a retiré sa main ; avec un tendre reproche*

Pourquoi me retirer ta main ? ça ne te fait donc pas plaisir que je la garde un moment dans les miennes ?

ABEL, *d'un ton détaché*

Si...

MARIE-JEANNE

Alors, laisse-la moi.

MALOUET, *d'un ton plus radouci*

C'est pas tout ça, p'tiot ; mais, dans deux mois, te voilà presque de la classe. Te dire avec quelle impatience la mère Bridoux et moi nous attendons ton retour au pays. Ah ! c'est que tu nous fais vraiment faute... à moi, surtout ! Pense donc, j'étions seul, ta mère n'étant plus là. Et puis, avec les ans et les soucis, je n'avions plus guère le poignet solide... Je ne t'aurions pas, p'tiot, que je me verrions presque forcé de prendre un homme, car je ne suffis plus aujourd'hui à la besogne. (*Un peu avec amertume*). La terre ne me connaît plus, elle se rit maintenant de mes efforts stériles... Et, pourtant, Dieu sait si je lui avions payé plus que notre part de dette à notre mère commune... Voilà cinquante-quatre ans que, du matin au soir, sans trêve ni répit, je courbions l'échine et plions le genou devant elle. Aussi, quelle joie pour tout le monde le jour où tu reprendras ta place parmi nous.

Mme BRIDOUX — MARIE-JEANNE

Oh oui !

ABEL.

Mais je ne vous ai jamais dit que je retournerais au pays une fois mon congé révolu.

TOUS TROIS, *anéantis*

Ah !

(*Un temps*).

MALOUET

Tu comptes donc rengager ?

ABEL.

Peut-être, à moins que mon lieutenant, qui a de grandes relations et qui me l'a d'ailleurs promis. ne me trouve tout de suite un emploi dans les octrois ou bien au chemin de fer.

MALOUET

Drôle d'idée tout de même de prendre du service chez les autres quand on peut être le maître chez soi.

ABEL.

La terre ne rapporte pas assez; et puis le travail est trop pénible.

MALOUET

Mais qu'est-ce que j'allions faire, sans toi? Moi qui espérions, sur mes vieux jours, jouir d'un repos si bien gagné.

ABEL

Tu prendras quelqu'un.

MALOUET

Comme tu voudras, p'tiot... Passe encore pour moi, que je ne te revoie plus que de temps à autre, quand je descendrai à la ville; mais c'est pour cette pauvre mère Bridoux, qui se réjouissait déjà de rester auprès de sa fille une fois mariée, qui va en avoir un crève-cœur de se séparer d'elle!

Mme BRIDOUX, *avec abnégation*

Certes oui, j'aurais mieux aimé la garder près de moi, car, depuis la mort de son père, c'est elle qui fait tout à la maison. (*A Malouet*). Mais. bah! on s'arrangera ben l'un et l'autre... avant tout, le bonheur de ces deux enfants.

MALOUET

Ça. vous l'avez ben dit, la mère Bridoux. le bonheur de ces enfants avant le nôtre. (*A Abel*). Enfin. voilà, mon p'tit gas : la mère Bridoux et moi avons fixé vos épousailles pour le samedi qui suivra la libération de ta classe. Je me plaisions à espérer qu'à cette époque-là tu ne verras aucun inconvénient à venir passer une quinzaine de jours parmi nous, ne fût-ce d'abord que pour te marier.

ABEL, *agacé*

Me marier!...mais je n'en ai pas l'intention. du moins pour le moment.

TOUS TROIS, *avec stupéfaction*.

Tu as dit?

Mme BRIDOUX

Voyons. Abel. avant de partir au régiment, n'avais-tu pas promis à Marie-Jeanne de l'épouser une fois de retour au pays?

ABEL

Oui. à ma rentrée du service... ça ne veut pas dire dans les quinze jours qui suivront.

MALOUET

Il le faut, cependant.

ABEL

A cause?

MALOUET

Demande à Marie-Jeanne.

ABEL, *se levant*

Elle est enceinte?

MARIE-JEANNE, *avec une émotion croissante*

Comme si tu ne le savais pas.

ABEL, *atterré*

C'est la première nouvelle.

MARIE-JEANNE

Je te l'ai pourtant écrit le mois dernier.

ABEL

J'aurai mal lu ta lettre.

Mme BRIDOUX, *à Abel*

Comprends-tu, à présent, pourquoi il est de toute nécessité que tu rentres sans retard au pays?

MALOUET, *avec une gravité émue*

Mère Bridoux. calmez vos alarmes; avant trois mois le p'tiot aura réparé ses torts. Je connais trop mon gas pour savoir que ce n'est pas un homme à transiger avec les questions d'honneur. (*Un temps. A Abel*). Eh ben. p'tiot, tu ne réponds rien?

ABEL., *sans entendre, à Marie-Jeanne*

Voyons, ce n'est pas possible; la dernière

fois que je fus au pays, il y a quatre mois, je n'y ai pas séjourné plus de quarante-huit heures et tu n'étais pas là...

MARIE-JEANNE, *se levant, indignée*

Je n'étais pas là?

ABEL

Non, tu étais en visite chez une de tes cousines, dans un village à côté.

MARIE-JEANNE

Et tu n'es pas venu m'y retrouver... le soir même?

ABEL, *confus*

Si.

MARIE-JEANNE

Alors... douterais-tu de moi? J'aurais donc perdu jusqu'à ta confiance... (*Toute éplorée, elle remonte derrière la table et va rejoindre sa mère à gauche*).

(1) Mme BRIDOUX

Oh! Marie-Jeanne qui ne vit que pour toi... c'est bien mal, Abel, de l'effleurer seulement d'un soupçon.

(4) ABEL, *endêvant, avec éclat*

Après tout, est-ce que je sais, moi, ce que votre fille a fait depuis quatre mois que j'ai quitté le pays!

Mme BRIDOUX, *pâle et frémissante, se dresse sous l'outrage et a un mouvement, comme pour se jeter sur Abel*

Il a dit?... (*Vaincue par l'émotion et sa paralysie, elle retombe lourdement sur le canapé, près de sa fille qu'elle étreint éperdûment*). Quelle honte!

(2) MARIE-JEANNE, *avec un cri de révolte, d'indignation*

Le lâche... le lâche!

(3) MALOUET, *qui s'est levé, très sombre, le regard résolu, lourd de menaces, allant droit à son fils*

Toi! c'est toi, Abel, qui oses insulter Marie-Jeanne, elle qui s'est donnée à toi et qui, pour cette raison même, devrait t'être sacrée plus que toute autre femme au monde! A genoux...

à genoux, misérable! (*Avec une profonde altération de la voix et du visage*). Entends-tu, quand je te parle?... A genoux!

ABEL, *pirouettant sur lui-même, sous la poigne vigoureuse de son père, qui l'a saisi au collet, il gagne le 3; avec une ironie insultante*

Je ne l'ai jamais fléchi devant personne, pas même devant toi; je ne le fléchirai donc pas aujourd'hui devant une simple fille des champs!

(*Les deux femmes se sont levées*).

(4) MALOUET, *avec violence*

Pas un mot de plus... fais ce que je te dis, ou je ne réponds plus de moi!

(3) ABEL, *se butant, le regard mauvais*

Inutile, je ne m'humilierai point!

MALOUET, *s'abattant sur lui*

Et moi, je te l'ordonne!

MARIE-JEANNE

Ah! mon Dieu, le père et le fils qui en viennent aux mains...

Mme BRIDOUX

Malouet, mon ami, votre raison s'égare...

MALOUET, *écumant*

Je veux... il faut qu'il s'humilie!

ABEL, *crissant de rage, les dents serrées*

Non... non... non!

MALOUET, *lui martelant la tête sur le parquet, effrayant à voir*

Tu vois, malgré mes soixante-et-onze ans, l'étau de mes dix doigts suffit encore pour t'amener sur les genoux et t'écraser le front sur le tapis... Toi qui tout à l'heure affichais tant de morgue, te voilà maintenant l'échine ployée, l'oreille basse, tel un vulgaire cabot qui attendrait piteusement la râclée de son maître!

ABEL, *que la rage et la douleur aberrent de plus en plus*

Lâche-moi!... lâche-moi, te dis-je, ou je cogne à mon tour! (*Se dégageant d'un coup d'épaule, il se remet péniblement debout; Malouet le ressaisit).* Me lâcheras-tu, à la fin?... *(Avec un cri terrible, se dégageant, il se rue sur son père, qu'il saisit à la gorge, et le renversant brutalement sur le fauteuil).* Tu m'as fait subir là un affront que tu vas me payer plus cher que tu ne crois!

MALOUET, *livide, d'une voix inarticulée*

Tu oserais... lever... la main... sur moi...

Mme BRIDOUX

Malheureux, c'est ton père!

MARIE-JEANNE

Au secours, on se tue!

(Toutes deux sont éperdues de douleur. — A cet instant, Duflot paraît au fond).

SCÈNE VIII

LES MÊMES, DUFLOT

DUFLOT, *s'élançant entre les deux hommes; à Abel, lui abattant le bras*

C'est toi qui oses lever la main sur un vieillard!

Mme BRIDOUX

Et ce vieillard, c'est son père.

DUFLOT

Infâme!

ABEL, *qui s'est ressaisi, mais trop tard, avec égarement*

Mon Dieu, qu'ai-je fait là!

MALOUET, *se levant avec effort, encore tout chaviré, à son fils, du doigt tendu lui désignant la porte*

Va-t-en!... éloigne-toi!... tu me répugnes!... je ne veux plus te voir!

(Mme Bridoux et Marie-Jeanne, au canapé; Abel, devant la table; Duflot, un peu au-dessus, entre le fauteuil et la table; Malouet, devant le fauteuil).

(3) ABEL, *rendu à la raison, suppliant les mains jointes*

Pardon...

(5) MALOUET

Va-t-en, te dis-je... retire-toi, ou je fais un malheur!

(1) Mme BRIDOUX

Voyons, Malouet, mon ami, soyez humain avant tout, n'abandonnez pas votre fils; c'est un inconscient, il a agi sans réflexion; mais il est jeune, il peut encore s'amender... revenir à de meilleurs sentiments...

MALOUET

Non, non, il a levé la main sur moi, je ne le connais plus, je le renie pour mon enfant!

ABEL, *tombant à genoux*

Pardon...

MALOUET

Jamais... jamais, entends-tu bien, je n'oublierai que tu as levé la main sur ton père... T'en iras-tu?

(4) DUFLOT, *à Abel*

Allons, va! A présent, c'est moi qui te l'ordonne!

(Abel se redressant, rectifie la position, puis, passant derrière la table, il remonte lentement vers le fond).

ABEL, *à la porte, implorant une dernière fois*

Papa...

MALOUET, *inexorable*

Non, jamais!

(Abel étouffe un sanglot et sort en chancelant par le fond).

SCÈNE IX

LES MÊMES, *moins* ABEL

(4) MALOUET, *à Duflot, d'une voix presque éteinte, tellement ce dernier effort lui a coûté*

Excusez-moi, capitaine, j'étions là à donner

des ordres, j'oublions trop que je n'étions pas ici chez moi.

(3) DUFLOT, *avec bienveillance*

Je vous en prie, rasseyez-vous. (*Il l'installe dans le fauteuil et s'asseoit à côté*). Après une si terrible secousse, vous avez besoin de vous ressaisir un peu. Vous êtes ici chez moi, le capitaine Duflot; permettez-moi donc de vous considérer comme mes propres invités. Je regrette seulement qu'une circonstance aussi pénible me prive du plaisir de vous rendre cette réception sinon plus cordiale, du moins un peu plus gaie. Jacques, mon ordonnance, que j'ai vu à côté, m'a dit, en effet, le but de votre vi- (*Faisant signe aux femmes de s'asseoir*). Mesdames. (*Les deux femmes s'asseoient sur le canapé. Il s'asseoit à droite de la table*). Mais, permettez-moi une question... Qu'y avait-il ici quand on vous a ouvert?

(1) Mme BRIDOUX

Personne ne nous a ouvert.

DUFLOT

Ah!

Mme BRIDOUX

On a frappé plusieurs fois. Comme on ne répondait pas, on s'est décidé tous les trois à entrer.

DUFLOT

Qui était là?

Mme BRIDOUX

Abel et Jacques.

DUFLOT

Il n'y avait pas une femme avec eux?

Mme BRIDOUX

Si.

DUFLOT

Et cette femme, que faisait-elle?

MALOUET

Elle donnait de l'argent au petit quand nous sommes entrés.

DUFLOT, *à part*

Je m'en doutais.

MALOUET, *très abattu*

De l'argent... il en recevait pourtant assez de nous, trente francs tous les mois... trente francs, il y a des semaines où je ne les gagnons pas; c'est vous dire que, si le p'tiot ne manquait de rien à la ville, nous, là-bas, au pays, on manquait quelquefois de tout. Quand même, on était heureux tous les trois de se saigner pour lui... La dernière fois qu'il vint au pays, quoique déjà ben changé, il était encore si affectueux, si doux, si prévenant. Ah! si sa pauvre mère, dont il était tout l'orgueil, voyait la loque humaine que son fils est devenue à présent! Elle a ben fait de partir avant, la sainte femme... Et si on lui avait dit que, plus tard, son fils renierait le milieu qui l'a vu naître et lèverait la main sur son père, je crois ben qu'elle l'eût plutôt tué en le mettant au monde, tant elle rêvait d'en faire un honnête homme! Et, pourtant, Dieu sait si elle l'aimait, son gosse... encore plus que moi! Si vous saviez, Monsieur, avec quel dévouement elle le soigna l'hiver où il eut sa bronchite, elle qui depuis longtemps ne tenait plus debout, terrassée qu'elle était tous les jours un peu plus par un mal qui ne pardonne pas. (*Avec effort*). Un matin, à l'aube, inquiet de ne pas la trouver près de moi, je me lève, je passe dans la chambre d'Abel...et qu'est-ce que je vois? Ah! capitaine... (*Sanglotant*) ... ma pauvre vieille morte au chevet du p'tiot et tenant encore dans la main le bol de lait qu'elle lui avait servi la veille! (*Emu plus qu'il ne veut paraitre, Duflot essuie une larme à la dérobée*). Ah! bon Dieu, pourquoi ne l'ai-je pas suivi ce matin-là!

(*Coup de feu à côté. Tous se lèvent avec un long tressaillement*).

DUFLOT, *à mi-voix*

Il s'est tué.

MALOUET, *durement*

C'est ce qu'il avait de mieux à faire.

Mme BRIDOUX

Ce coup de feu vient d'à-côté.

MARIE-JEANNE, *à Duflot*

Est-ce que vous croyez que c'est lui?

(*Toutes deux avec une appréhension*).

DUFLOT, *remontant*

Attendez, je vais voir.

Mme BRIDOUX — MARIE-JEANNE

On va avec vous.

DUFLOT

Inutile, le voici.

(*Abel entre du fond, soutenu par Jacques et de Varville*).

___

SCÈNE X

___

LES MÊMES, ABEL, DE VARVILLE, JACQUES

(*De Varville et Jacques étendent Abel sur le canapé*).

Mme BRIDOUX — MARIE-JEANNE,
se précipitant, avec une morne anxiété

Ah! mon Dieu!

(5) DE VARVILLE

Je l'ai trouvé dans le couloir, un revolver chargé à la main. J'ai eu tout juste le temps de lui abattre le poignet. (*Le palpant sous la chemise*). Quand même, je le crois sérieusement touché.

(1) MARIE-JEANNE. *s'affolant*

Abel... mon Abel!...

(3) Mme BRIDOUX, *même jeu*

Pauvre garçon!

(2) ABEL. *d'une voix mourante, à son père, les bras tendus vers lui*

Père...

(*Un temps*).

(7) MALOUET, *sans un regard, impassible*

Qui m'appelle son père?

ABEL

Moi... Abel...

(*Un temps*).

MALOUET

Abel... je ne connais plus.

ABEL, *d'une voix qui va peu à peu en s'affaiblissant*

Père... je vais mourir...

MALOUET, *comme figé sur place et d'un ton glacial, sans même le regarder*

Eh ben, va-t-en!... Comme dit l'autre : « Morte la bête, mort le venin! »

ABEL, *toujours implorant*

Pardon...

MALOUET, *implacable*

Il n'y a pas de pardon où il n'y a plus de pitié!

ABEL, *dans un ultime effort*

Papa...

MALOUET, *laissant tomber comme le froid d'un couperet*

Jamais!

ABEL

Ah!... je suis maudit! (*Il expire*).

MARIE-JEANNE — Mme BRIDOUX, *avec un cri indicible*

Mort... il est mort!

MALOUET *va lentement vers le cadavre de son fils, le considère un instant d'un œil sec et dur; puis, sans hâte, prenant sur la table son chapeau et son bâton, effroyablement calme, à Duflot*

Voyez-vous, capitaine, la mauvaise graine c'est comme l'ivraie... faut que ça crève avant que ce soit trop mûr! (*Ce disant, comme les deux femmes sont tombées à genoux dans un bruit de sanglots, et que les trois hommes en place saluent képi bas, Malouet, lui, qui s'est couvert, remonte de son pas traînard vers le fond et sort lentement, l'œil toujours sec et dur, sans un mot de pitié, sans même un regard de suprême adieu au corps du fils qu'il a tant aimé*).

RIDEAU

___

Imprimerie du Journal *Le Rideau*, A. SALLES, Ⓡ. — Georges SALLES, succ^r, 16, Rue d'Alembert, Paris-14e.

www.ingramcontent.com/pod-product-compliance
Lightning Source LLC
LaVergne TN
LVHW021609170726
843501LV00010B/3940